www.kidkiddos.com
Copyright©2015 by S.A.Publishing ©2017 by KidKiddos Books Ltd.
support@kidkiddos.com

All rights reserved. No part of this book may be reproduced in any form or by any electronic or mechanical means, including information storage and retrieval systems, without written permission from the publisher or author, except in the case of a reviewer, who may quote brief passages embodied in critical articles or in a review.

Tutti i diritti sono riservati. Nessuna parte di questa pubblicazione può essere riprodotta, memorizzata in sistemi di recupero o trasmessa in qualsiasi forma o attraverso qualsiasi mezzo elettronico, meccanico, mediante fotocopiatura, registrazione o altro, senza l'autorizzazione del possessore del copyright.
Second edition, 2019

Translated from English by Annalisa Langone
Traduzione dall'inglese a cura di Annalisa Langone

Library and Archives Canada Cataloguing in Publication
I Love My Dad (Italian Bilingual Edition)/ Shelley Admont
ISBN: 978-1-5259-1581-9 paperback
ISBN: 978-1-77268-482-7 hardcover
ISBN: 978-1-77268-055-3 eBook

Please note that the Italian and English versions of the story have been written to be as close as possible. However, in some cases they differ in order to accommodate nuances and fluidity of each language.

For those I love the most-S.A.
Per quelli che amo di più-S.A.

One summer day, Jimmy the little bunny and his two older brothers were riding their bicycles. Their dad sat in the backyard, reading a book.

Un giorno d'estate, Jimmy, il piccolo coniglietto, e i suoi due fratelli più grandi stavano andando in bicicletta mentre il papà era seduto in cortile a leggere un libro.

The two older bunnies laughed loudly as they raced. Jimmy tried to catch up on his training wheel bike.

I due coniglietti più grandi ridevano sonoramente facendo una gara con la bici e Jimmy cercava di raggiungerli con la sua bicicletta con le rotelle.

"Hey, wait for me! I want to race too!" Jimmy shouted. But his brothers were too far away and his bike was too small.

"Ehi! Aspettatemi! Anch'io voglio fare una gara!" urlò, ma i suoi fratelli erano troppo lontani e la sua bici era troppo piccola.

Soon his brothers returned, giggling to each other. "It's not fair," screamed Jimmy. "I want to ride your big bikes too."

Subito dopo, i suoi fratelli ritornarono, ridacchiando tra di loro. "Non è giusto" urlò Jimmy. "Anch'io voglio andare sulle vostre bici".

"But Jimmy, you're too small," said his oldest brother.

"Ma Jimmy, sei troppo piccolo" rispose il fratello più grande.

"And you don't even know how to ride a two-wheeler," said the middle brother.

"E, tra l'altro, non sai andare su una bici con due ruote" aggiunse l'altro fratello.

"I'm not small!" shouted Jimmy. He ran to his brothers and grabbed one of the bicycles. "Just watch!" he said.

"Io non sono piccolo!" urlò Jimmy. Corse verso i suoi fratelli, afferrò una delle due bici e disse: "Guardate!".

"Be careful!" yelled his oldest brother, but Jimmy didn't listen.

"Stai attento!" gridò il fratello maggiore, ma Jimmy non lo ascoltò.

Throwing one leg over, he tried to climb the large bike. At that moment, he lost his balance and crashed on the ground, directly into a mud puddle.

Alzando una gamba, cercò di salire sulla bici e, a quel punto, perse l'equilibrio e cadde a terra, direttamente in una pozzanghera.

His two older brothers burst out laughing.
I suoi due fratelli più grandi scoppiarono a ridere.

Jimmy jumped on his feet and wiped his muddy hands on his dirty pants.
Jimmy balzò in piedi e si strofinò le mani piene di fango sui suoi pantaloni sporchi.

This just caused his brothers to laugh more.
Così i suoi fratelli continuarono a ridere ancora di più.

"Sorry, Jimmy," said the oldest brother in between laughter. "It's just too funny."
"Scusa Jimmy" disse ridendo il fratello maggiore. "È così divertente".

Jimmy couldn't stand it anymore. He kicked the bike and ran home with tears streaming down his face.

Jimmy non ce la faceva più. Diede un calcio alla bici e corse verso casa con le lacrime agli occhi.

Dad watched his sons from the backyard. He closed his book and went towards Jimmy.

Il papà guardò i suoi piccoli dal cortile. Chiuse il suo libro e andò verso Jimmy.

"Honey, what happened?" he asked.
"Tesoro, che cosa è successo?" gli chiese.

"Nothing," grumbled Jimmy.
"Niente" mormorò Jimmy.

Dad smiled and said quietly, "I know what can make you laugh…"
Il papà sorrise e sotto voce gli disse: "Io so come farti ridere…"

"Nothing can make me laugh now," said Jimmy, crossing his arms.
"Niente mi può far ridere in questo momento" rispose Jimmy incrociando le braccia.

"Are you sure?" said Dad and began to tickle Jimmy until he smiled.

"Sei sicuro?" gli chiese il papà che iniziò a fare il solletico a Jimmy fino a quando gli fece un sorriso.

Then he tickled him so much that Jimmy started giggling.

A questo punto lo solleticò così tanto che Jimmy iniziò a ridacchiare.

They rolled on the grass, tickling each other until they both laughed loudly.

Si rotolarono sul prato, facendosi il solletico, fino a quando scoppiarono a ridere.

Still hiccupping from his hysterical laughter, Jimmy jumped on Dad's lap and hugged him tight.

Mentre ancora singhiozzavano per la risata isterica, Jimmy saltò sulle ginocchia del papà e lo abbracciò fortemente.

"I was watching you ride your bike," said Dad, hugging him back.

"Ti ho visto mentre andavi sulla tua bici" disse il papà abbracciandolo.

"And I think you're ready to ride a two-wheeler."

"E penso che sei pronto per andare su una bici a due ruote."

Jimmy's eyes sparkled with excitement. He jumped on his feet. "Really? Can we start now? Please, please, Daddy!"

Gli occhi di Jimmy brillavano di gioia. "Davvero? Possiamo iniziare adesso?" gli saltò sui piedi. "Dai, dai, papà!"

"Now you need to take a bath," said Dad smiling. "We can start practicing first thing tomorrow morning."

"Adesso dobbiamo andare a fare un bagno" rispose il papà sorridendo. "Possiamo iniziare a fare un po' di pratica domani mattina".

After a long relaxing bath and a family dinner, Jimmy went to bed. That night he could barely sleep.

Dopo un lungo bagno e una bella cena, Jimmy andò a dormire. Quella notte fece fatica a dormire.

He woke up again and again to check if it was morning.

Continuava a svegliarsi per vedere se era già mattino.

As soon as the sun rose, Jimmy ran to his parents' bedroom.

All'alba, corse nella camera da letto dei suoi genitori.

Jimmy tiptoed towards their bed and gave his father a little shake. Dad just turned to the other side and continued snoring peacefully.

Jimmy si diresse in punta di piedi verso il loro letto e scosse leggermente il suo papà che si girò dall'altra parte e continuò a russare serenamente.

"Daddy, we need to go," Jimmy murmured and pulled off his covers.

"Papà, dobbiamo andare" sussurrò Jimmy togliendogli le coperte.

Dad jumped and his eyes flew open. "Ah? What? I'm ready!"

Il papà balzò dal letto, aprì gli occhi e disse: "Ah? Cosa? Sono pronto!"

While the rest of the family was still sleeping, they brushed their teeth and went out.

Mentre il resto della famiglia continuava a dormire, andarono a lavarsi i denti e uscirono fuori.

As he opened the door Jimmy saw his orange bike, sparkling in the sun. The training wheels were off.

Come aprì la porta Jimmy vide la sua bicicletta arancione scintillante sotto il sole. La bicicletta con le rotelle non c'era.

"Thank you, Daddy!" he shouted as he ran to his bike.

"Grazie papà!" urlò correndo verso la sua bici.

Dad showed him how to mount it and how to pedal. "Let's have some fun!" he said, putting a helmet on Jimmy's head.

Il papà gli fece vedere come salire sulla bici e come pedalare. "Adesso facciamo una cosa divertente!" disse mettendogli un elmetto sulla sua testa.

Jimmy took a deep breath, but didn't move. "Come on. I'll help you into the seat," Dad insisted.

Jimmy fece un bel respiro ma non si mosse. "Dai! Ti aiuto io dal sellino" insistette il papà.

"Umm..." mumbled Jimmy, his voice shaking. "I'm...I'm scared. What if I fall again?"

"Umm..." balbettò Jimmy con voce tremolante. "Ho...paura. E se cado di nuovo?"

"Don't worry," reassured his dad. "I'll stay close to catch you if you fall."

"Non preoccuparti" lo rassicurò il papà. "Rimarrò vicino a te per afferrarti nel caso in cui dovessi cadere".

Jimmy hopped on his bike and began pedaling slowly.

Jimmy saltò sulla sua bici e iniziò a pedalare lentamente.

When the bike tipped to the right, Jimmy leaned to the left.

Quando la bici cominciò a pendere verso destra, Jimmy si inclinò verso sinistra.

Sometimes he fell down, but he didn't give up – he tried over and over again.

Cadde qualche volta ma non rinunciò, continuò a provare e riprovare.

Morning after morning Jimmy and his dad practiced together.

Mattino dopo mattino continuarono a fare pratica insieme.

Dad held on while Jimmy wobbled, and eventually the little bunny learned to pedal fast.

Il papà lo manteneva quando barcollava, e alla fine il piccolo coniglietto imparò a pedalare velocemente.

Then one day Dad let go and Jimmy could ride all by himself without falling even once!

Poi un giorno il papà lo lasciò e Jimmy riuscì a pedalare da solo senza cadere mai!

"And I can race too!" exclaimed Jimmy.

"Posso fare anche le gare!" esclamò Jimmy.

That day Jimmy raced with brothers.

Quel giorno Jimmy gareggiò con i suoi fratelli.

GUESS WHO WON THE RACE?

INDOVINATE CHI HA VINTO?